KERDDI Dwl 1 KEV

KEVIN DAVIES

yLolfa

I Jac, Grug a Llew
Sydd ddim yn blant tew.
Yn fawr ac yn fach,
Chi wastad 'di bod yn strach!
Yn bwyta'r bisgedi a'r siocled i gyd
Ond, wir, yn y bôn, chi werth yr holl fyd.

Argraffiad cyntaf: 2014
© Hawlfraint Kevin Davies a'r Lolfa Cyf., 2014
© Hawlfraint y Lluniau: Siôn Jones

Cynllun y clawr: Siôn Jones

Rhif Llyfr Rhyngwladol: 978 1 84771 929 4

Dymuna'r cyhoeddwyr gydnabod cymorth ariannol
Cyngor Llyfrau Cymru.

Cyhoeddwyd ac argraffwyd yng Nghymru
ar bapur o goedwigoedd cynaladwy gan
Y Lolfa Cyf., Talybont, Ceredigion SY24 5HE
e-bost ylolfa@ylolfa.com
gwefan www.ylolfa.com
ffôn 01970 832 304
ffacs 01970 832 782

CYNNWYS

Babi mawr

Mae Mam yn fy nhrin i fel baban,
Yn llawn ffws a ffwdan di-stop.
Mae hi wastad yn cuddio fy nhegan
Os bydda i'n gwneud stŵr yn y siop.

Bydd hi'n flin wrth newid fy nghlwt i
Pan fydda i'n siglo a sgrechen.
Bydd y lle yn llawn pw-pw a phi-pi,
A hynny ar ôl i fi rechen!

Bydda i'n gwrthod gorffen fy mhotel
Heb o leia weiddi a phwdu,
Ac yna, yn weddol anochel,
Bydda i'n gwenu'n ddel – cyn hwdu!

Bydd taith yn y car yn ddiawledig
Os na ga' i fy ffordd ar y cychwyn.
Ond weithiau bydda i'n teimlo'n garedig
Ac yn cysgu… cyn deffro a dychryn!

Bydda i'n setlo 'da'r nos ar y soffa
A Mam yn fy suo i gysgu.
Bydd hi'n gwenu jyst cyn fy atgoffa
'Mod i'n ddeuddeg wythnos i fory!

Ma' mam yn caru babi fi. Dy Ffefryn i de heno xxxxx

Twpsyn!

Fuest ti 'rioed yn morio?
 Wel, do, mewn padell ffrio!
Wnest ti ddim gwrando yn yr ysgol, y ffŵl?
 Nid dyna'r twl ti fod iwso!

Dau gi bach

Dau gi bach yn mynd i'r coed,
Esgid newydd ar bob troed,
Blincin stiwpid, coeliwch fi,
Prynu sgidiau drud – i gi!

Ond dyna ni, y gwir amdani,
'Sdim dal *be* fydd y ci yn mynnu.
Ac os na fydd yn cael ei blesio,
Troi wnaiff ar ddyn, a'i gnoi o!

Ond petai'ch ci chi yn dychwelyd
Wedi colli'i het, neu un esgid
Yn y goedwig wrth fynd am dro,
Mae'n berffaith iawn i chi golli'ch co':

"Mae'r ci 'di cael ei sbwylio'n rhacs!
Mae'n yfed gwin a bwyta cacs!"
I ble aeth yr esgid a'r het?
Un peth sydd i'w wneud – mynd at y fet!"

A bant â chi ar ysgafn droed,
Heibio i'r caeau, heibio i'r coed.
I lawr i'r dre, i Stryd y Bri,
I roi chwistrelliad bach i'r ci!

Gee geffyl bach

Gee geffyl bach yn cario ni'n dau
Dros y mynydd i hela cnau.
Braidd yn anffodus, roedd gan Mari fach
Alergedd i gnau. Wel, dyna i chi strach!

Daeth hi mas mewn rash fach eitha cas,
Aeth ei thafod hi'n ddu, a'i gwallt gwmpodd mas.
Roedd hi'n edrych yn wael am un funud fach,
Ond wedi cael tabled, fe ddaeth hi'n iach.

Ond nid dyna oedd diwedd y mater – o, na!
Dechreuodd hi beswch fel rhywun â'r pla.
Roedd hi'n rowlio o gwmpas mewn poen ar y pridd,
Ac yn ben ar y cyfan, druan: dolur rhydd.

Ar ddiwedd y pwl, roedd Mari yn flin.
Aeth at y cyfreithiwr – un gorau'r cwîn.
Mi aeth hi â Gee geffyl bach i'r llys
Ac fe'i cafwyd e'n euog. Carcharwyd ar frys!

Gee geffyl bach oedd bellach mewn cell,
Yn difaru ar ôl bod o flaen ei well.
Ond neidiwr wrth natur, ac yntau dan glo
Fe neidiodd Gee ffwl pelt dros y to.

Ond...

Ni welodd y lori oedd yn symud ar frys,
A'r gyrrwr nad oedd yn gyrru ers mis.
Taflwyd Gee geffyl bach i'r nen,
A dyna ni'r diwedd.
Hwyl fawr,
Amen!

Hen fenyw fach Cydweli

Hen fenyw fach Cydweli
Yn gwerthu losin du.
Ond diawch, dwi ddim yn synnu,
Un fochedd iawn oedd hi.

Aeth Inspectors mawr y cyngor
I archwilio'r siop un dydd.
Roedd drws y ffwrn ar agor
A llygod oedd yn rhydd
I lyfu'r losin melys gwyn,
A'u dragio nhw drwy'r pridd.

Roedd bwyd yn cael ei gadw
Mewn cwpwrdd nes iddo ddrewi.
Roedd hwnnw'n llawn o gigoedd ffres
Oedd *fod* i gael eu rhewi!

SIOP YR HEN FENYW
LOSIN DU GORAU CYDWELI

A'r gwaethaf i gyd oedd y diodydd,
Rhai ffrwythau lliwgar, maethlon.
Smoothies i'r holl bryfaid cop
Oedd yn eu hyfed fel danteithion.

A hen fenyw fach Cydweli
Gafodd ei hel gan yr heddlu
Mewn fan â bariau trwm, dur
Fel mur o'i chwmpas hi.

A'r siop sydd nawr ag arwydd goch
Yn rhybudd i'r gymdogaeth
I beidio prynu bwyd fan hyn,
Gan nad oes yno ddisgyblaeth.

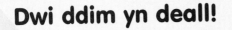

Dwi ddim yn deall!

Beth yw'r 'fflag' yn 'hwyl a fflag'?
  A pham mae 'WAG' yn gariad
I foi sy'n chwarae ffwtbol,
  Ond ddim tennis bwrdd na *billiards*?

Beth yw'r 'sang' pan mae lle'n llawn
  Ac yn gorwedd oddi tano?
A pham mae'n bwrw hen wragedd a ffyn?
  A pham nad yw'r ffyn yn eu brifo?

Ydy bara brith yn sâl,
  Neu wedi dechrau pydru?
A pham mae'n *taro* deuddeg
  Ond yn *bwrw* glaw? Plis dwed 'tha i!

Pam rydyn ni'n *adnabod* rhywun
  Ond yn *gwybod* dim am rywbeth?
Dwi wedi drysu, ydw wir.
  Bois bach, mae'r iaith 'ma'n gymhleth!

Llwyfan

Wedi dysgu.
Geiriau'n corddi.
Methu cysgu.

Deffro'n y bore,
Gwneud fy ngore,
Diolch yn dalpe!

Trwodd i'r llwyfan,

Camu ymlân...

Sefyll yn nerfus...

Pi-pi'n trowsus!!

Bod yn ysbryd

Mae'n eitha diflas weithiau
Gorfod mynd o le i le.
Bron mor ddiflas yw y gwaith
Ag yw cerdded rownd y dre.

Mynd "Wwwww!" neu "Oooooo!" yn gyson,
A phawb yn neidio'n uchel.
Mae'n ddoniol y tro cynta,
Ond mae'n ddiflas nawr ers sbel.

Beth alla i neud sy'n wahanol?
Torri rhyw dir newydd
Sy'n mynd i ddenu sylw –
Wneith bara yn dragywydd.

Dwi'n gwybod! Prynu ceffyl
A reidio'n wyllt ar garlam
Drwy strydoedd cul pentrefi pert,
Fel Boncath neu Landinam,

Gan weiddi'n groch a sgrechian
A chwifio cleddyf fawr.
Ond na, dwi'n methu reidio...
Ailfeddwl glou, nawr!

Iawn 'te: cario cadwyn drom
A 'nghefn i wedi plygu'n gam,
Gan gnocio a chlindarddan
A pheidio becso dam.

Caf wisgo gwisg hen filwr,
Mewn siaced drwchus, goch,
A throwsus sydd mewn darnau mân
Nes i chi weld dwy foch!

Bydd pawb yn rhedeg milltir
Wrth weld y fath ddrychiolaeth,
A phobol y newyddion fydd
Yn darlledu am y ffaith.

Bydd llyfrau'n cael eu sgrifennu,
A bydd llun o'r ysbryd cas.
Hen ysbryd milwr celain, blin,
A'i din yn hongian mas!

Rhwng Nef ac Uffern
Gwisg Ffansi i Ysbrydion

Gwaith cartref

Gwell i mi ddweud nad dyma'r ateb,
Peidiwch da chi â'i ddilyn.
Mae'r cynllun canlynol, er mor dda ar yr wyneb,
Yn llawn problemau anghyffredin.

'Nôl i ddechrau ein stori fach drist,
At ferch fach ddrwg wnaeth ddyfeisio
Cyfrifiadur pwerus i wneud ei gwaith cartref.
Nid cyfrifiadur cyffredin mohono!

Pan gafodd Nerys y syniad mewn fflach
O greu peiriant arbennig i'w helpu,
Allai hi ddim â dychmygu'r holl lanast
A'r trafferth anhygoel fysai'n codi.

Merch sbesial oedd Nerys, y clyfraf i gyd
O blant ei hoed a'i dosbarth.
Hi oedd ar flaen y ciw i gael *brains*
Yn Ysgol Gymunedol Llwynsycharth.

Disgrifwyd hi fel athrylith gan rai,
Ond y plant fathodd enw wnaeth sticio.
Nid Nerys y Swot, o na, llawer gwell,
Ond Nerys y *Nutter*, a *Psycho*!

Nid fi yw'r un gore i feirniadu ei chyflwr
Dydw i ddim yn gymwys fel meddyg,
Ond roedd pawb yn gytûn, boed elyn neu ffrind,
Fod Nerys Cadwaladr yn beryg!

O ddeall sut roedd pethau'n gweithio
Roedd hi'n gweld yn gliriach na llawer
Fod posib creu peiriant hynod o fach
Ond oedd ag ANFERTH o bŵer.

Un peth oedd i'w wneud i ddatrys y pos,
Meddai'r llais yn ymennydd Nerys,
Sef creu adweithydd atomig bach
I ffitio ym mhoced eich trowsus!

Felly aeth ati i greu ac adeiladu
Cyfrifiadur gwaith cartref unigryw.
Cyfrifiadur atomig na welwyd ei debyg
Gan ddefnyddio 'mond plastig a gliw.

Peiriant ffantastig fyddai'n newid bywyd,
Byddai berchen un yn anrhydedd,
Peiriant fyddai'n nodi dinasoedd y byd
Ac yn gweithio mas hyd y cyhydedd!

Daeth yr amser i brofi'r peiriant un dydd,
Gwyddonwyr o bell wnaeth deithio
I weld â'u llygaid bach craff sut oedd gwneud
I adweithydd atomig adweithio.

Nerys, heb os, oedd seren y sioe,
Gan taw hi oedd nawr yn gyfrifol
Am ddyfeisio cyfrifiadur atomig mor fach,
Hi oedd ar flaen y gad, yn naturiol.

Tynnodd adweithydd o'i phoced –
Un hir, a thwll lawr y canol.
Y twll oedd cyfrinach y peiriant i gyd,
Hwn fyddai'n bennaf gyfrifol.

Hwn fyddai'n sianeli'r atomau mewn llinell
Ac yn creu'r holl bŵer a'r egni.
Hwn fyddai'n ateb y broblem hir oes,
Creu atomfa bach handi i'w werthu!

Yn anffodus, anghofiwyd un peth yn llwyr
Yn asesiad gwyddonol ein cyfaill.
Sef methu ystyried cryfder y tiwb
Oedd yn cario'r holl *lube* i'r peirianwaith.

Ac yn ystod un cwestiwn arbennig o anodd
Am rifau sy'n rhannu ag un,
Fe chwythodd y tiwb a holltodd y rhes
Oedd yn dal top y ces at y sgrin.

Peth prin yw cael holl rai clyfar y byd
I gyd mewn un lle ar 'run pryd.
Peth twp wedi meddwl, o ystyried y llanast
Achosodd y ffrwydriad i'r byd.

Ond flynyddoedd wedyn, wedi'r gaeaf atomig
Wnaeth sychu ein llechen yn lân,
Roedd pawb oedd ar ôl yn dwp fath â sledj
Tan i un ddechrau chwarae â thân!

Yn yr ardd

Mae'r haul yn felyn tanbaid
A'r borfa wyrdd yn hardd.
O'r diwedd, wedi'r gaeaf gwlyb,
Cawn chwarae yn yr ardd.

Mae'r batiau tennis allan,
Ond mae'r peli i gyd ar goll.
Sdim ots, defnyddiwn dato
A chreu *chips* i'r teulu oll!

Mae Dad yn prysur dorri'r
Planhigion sydd yn chwyn,
A Mam yn casglu blodau hardd
A'u rhoi mewn potiau gwyn.

Mae'r ci'n pi-pi dros bob man
Nes bod yr ardd yn drewi.
Ond wedi cic fach slei gan Dad
Sdim sbel tan iddo dewi!

Mae'n chwaer fach nawr yn llefen,
Mae'r dwpsen wedi drysu.
Mae'n meddwl, wir, taw barbeciw
Yw coginio Cyw o'r teli.

Mae'n gwrthod bwyta byrgyr,
Rhag ofn ei fod yn iâr,
Ac yn mynnu bwyta selsig –
Pob un wan jac sy'n sbâr!

Ac wedi awr a hanner
   O joio'n braf tu fas
O chwarae, bwyta a pharatoi
   Am haf braf, hir a chras,

Mae'r awyr yn tywyllu,
   Mae'r gwynt yn troi yn fain,
Mae'r glaw yn dechre peltio
   A llifo lawr y draen.

Wel, dyna ni 'te, dyna'r haf,
   Un twym – oes mwy i ddod?
Rhaid aros am ddiwrnod arall braf...
   Ym mis Rhagfyr, siŵr o fod!

Bwyta'n iach

Ceirios coch ac afal,
Banana melyn aeddfed,
Dyma'r byrbryd perffaith
Fel smwddi iach i'w yfed.
I ddilyn, salad maethlon,
O domatos coch a letys,
Olewydd gwyrdd a chiwcymbyr
A lot o buprod blasus.
I frecwast, ga' i fiwsli
Gyda iogwrt plaen, gwyn,
A gwydraid o sudd oren –
Un ffres nid mas o dun!
Felly, dydw i byth yn sâl,
Mae 'nghroen yn glir fel cloch.
Rwy'n symud yn osgeiddig,
A coch y lliw fy moch!
Dwi'n rhedeg yn lle cerdded,
A cherdded yn lle gyrru,
Ond rhaid i mi gyfaddef,
Dwi'n ysu am gael cyrri!
Fe hoffwn slochian cola
A chael byrgyr maint dau bŵdl
A chladdu pitsa cawslyd, mawr
A saws soy hallt a nwdls!
Ond dyna fe, dwi'n hapus,
Parhau wnaf yn y dyfodol
I fwyta pethau iach, mae'n siŵr.
Ond bod yn fwy cymhedrol.

Moc y gath

Pwy sy'n cropian dros eich gardd
Â balchder yn ei flew du, hardd?
Mae'n anwybyddu pawb 'run fath.
Moc y gath.

Pwy yw arch-elyn holl lygod y sir
Gyda'i lygaid craff a'i grafangau hir?
Bydd bywyd yn mynd o ddrwg i wa'th
Gyda Moc y gath.

Pwy sy'n lolian o gwmpas y bwrdd
Gan ddisgwyl am fwyd a syrthiai i ffwrdd?
Os trowch chi'ch cefn bydd yn yfed eich lla'th...
Moc y gath.

Pwy sy'n diflannu o un dydd i'r llall
A dychwelyd wedyn yn fyw ac yn iach,
A'r diwrnod canlynol yn gwneud yr un fath?
Moc y gath!

Pwy sy'n canu grwndi wrth gysgu,
A chyrlio'n dwt a chlyd yn eich côl chi
I ddangos ei fod e'n eich caru'n llwyr?
Moc y gath!

Rwth yr hwch

Peth anodd iawn yw bod yn fochyn
A chael eich camddeall o hyd ond, wedyn,
Mae pobol yn gallu bod yn haerllug
Ac esgus poeni am eich glendid.
Moch-*ist* yw'r term sy'n cael ei ddefnyddio
Gan rai sy'n ceisio peidio ag ypsetio.
Maen nhw'n cadw llygad craff, diflino
Ac yn tsiecio bod pawb yn bihafio!

Doedd Rwth ddim yn poeni o gwbwl,
Yn wir, doedd dim unrhyw drwbwl
Iddi chwerthin a chymryd trueni
Dros y bobol nad oedd yn poeni
Bod Rwth yr hwch yn fochyn gwahanol.
Roedd hi'n glyfar, gweithgar, sbesial!

Doedd hi ddim yn byw mewn twlc, ond tŷ.
Roedd hi'n yfed te ac yn bwyta *ghee*.
Roedd ganddi wisgoedd crand o Asda
A sgidiau lledr, het a bandana,
Jins glas tyn a chrysau-T.
Tipyn o *fashion victim* oedd hi.

Doedd hi ddim yn briod, ond yn caru,
Yn hoffi gwaith a chymdeithasu.
Yn byw mewn rhan go grand o'r ddinas,
Ddim yn rhy posh ond hen ddigon addas.
Dyma oedd ei bywyd hi –
Cariad, bwyd, dillad, tŷ!

Roedd Roger y dreifar yn stori arall.
Hen fochyn drwg nad oedd yn deall
Pa mor lwcus oedd e, wir,
I garu hwch fel Rwth. Roedd hi'n glir
Nad oedd Rwth a Roger yn siwtio,
A daeth yr amser iddi ddweud wrtho.

"Dwi ddim yn hapus, Roj," datgelodd
Un bore braf o wanwyn,
"Dwi isie i ti symud mas
A hynny yn reit sydyn.
Sdim pwynt i ti ddadlau
Nac esgus synnu,
Mae pob dim drosodd rhyngon ni,
Mae'n perthynas wedi bennu!"
Edrychodd Roger lan o'r cafn,
A'i frecwast yn glafoerio,
Daeth deigryn unig o'i lygaid syn,
A lawr ei foch wnaeth syrthio.

Doedd Roger ddim 'di disgwyl hyn,
Roedd y sioc ar ei wyneb yn amlwg.
"Ond beth sy'n bod?" gofynnodd yn syn…
Gan wasgu'i fol o'r golwg.
"Cer mas! Cer nawr!" atebodd Rwth,
A'i llais yn dechrau codi,
"Cer nawr, neu dwi'n dweud 'thot ti,
Fe fyddi di'n difaru!"
"Ond Rwth…" dechreuodd Roger,
Ond y ddadl ni orffennwyd.
Rwth wnaeth afael ynddo'n dynn
A'i daflu'n bendramwnwgl drwy'r glwyd.

Roedd pwysau anferth bellach
Wedi codi oddi ar ei hysgwyddau.
Roedd Rwth yr hwch yn rhydd i wneud
Beth bynnag roedd hi eisiau.
Felly, awr yn ddiweddarach,
Wedi powlen o Ready Brek,
Mas â Rwth drwy ddrws ei thŷ
Ac yna'i gau â chlec!
Wrth gerdded lawr y stryd,
Bron ei bod hi'n sgipio.
Petai Rwth yn ddafad fach
Mae'n siŵr y byddai'n prancio.

A gwên fawr ar ei hwyneb,
Mi gamodd ar y lôn
A chroesi, fel bob tro o'r blaen,
Gan edrych ar ei ffôn.
Mae'r gweddill yn ddigalon iawn,
Newyddion trist sydd gennyf
Fod trychineb wedi digwydd,
Yn sydyn a dirybudd.
Dwi ddim am ddweud y stori'n llawn,
Fe fyddwch yn torri'ch calon,
A syniad gwael, dwi'n siŵr,
Fyddai datgelu'r holl fanylion.

Digon yw dweud o hynny ymlaen
Roedd gormod, fel mae'n digwydd,
O facwn a selsig a phorc a ham
Yn siop Dai Jones, y cigydd.
A dyna hi, ein stori fach
Yn gorffen yn go daclus,
A hoffwn ymddiheuro
Nad yw'n ddiweddglo hapus.

Dyma'r neges bwysig a di-ffws;
PEIDIWCH Â DYMPIO GYRRWR BWS!

Afiach!

Mae Bethan Preis yn ferch fach dda,
Mae'n gwrando ar ei rhieni.
Mae'n gweithio yn yr ysgol,
Dim gwylio lot o'r teli.
Ond synnwyd hi rhyw fore
Wrth godi'n glou o'r gwely,
Pan welodd goeden fach
Yn tyfu ar ei braich hi,
A thipyn bach o borfa
A blodau melyn mân,
A bryncyn bach yn codi,
A nant fach loyw, lân.
Erbyn iddi gyrraedd
Stafell wen y meddyg,
Roedd y tyfiant wedi tyfu
Yn dyfiant melltigedig.
Roedd y bryncyn nawr yn fynydd bach
Gydag afon, pont a melin,
A thonnau hir o borfa las
Dros wyneb ei phenelin.
Ar ôl cymryd ei thymheredd
A rhoi i Bethan foddion,
Y meddyg wnaeth ddatganiad
Wnaeth leddfu ei gofidion.
"Sdim angen i chi boeni,
Fi'n gweld hyn eitha lot,
Bethan fach, mae'ch braich chi
Wedi troi yn *beauty spot*!!"

Croeso i Bethan Preis

Am restr gyflawn o lyfrau'r Lolfa, mynnwch
gopi am ddim o'n catalog
neu hwyliwch i mewn i'n gwefan

www.ylolfa.com

lle gallwch archebu llyfrau ar-lein.

TALYBONT CEREDIGION CYMRU SY24 5HE
ebost ylolfa@ylolfa.com
gwefan www.ylolfa.com
ffôn 01970 832 304
ffacs 832 782